danse avec les stars

Premier tango

Basé sur le programme télévisé de la BBC : *Strictly Come Dancing*

Cet ouvrage a initialement paru en Angleterre en 2012
chez Hodder Children's Books sous le titre *Tango Tangle.*

Novélisation : Elizabeth Barféty.
Conception graphique et colorisation : Valérie Gibert et Philippe Sedletzki.

Hachette Livre, 43, quai de Grenelle, 75015 Paris.

danse avec les stars

Premier tango

hachette
JEUNESSE

BELLA

★ **Âge :** 9 ans

★ **Couleur préférée :** violet

★ **Danse préférée :** Bella ne sait pas encore quelle est sa danse préférée… et elle est impatiente de toutes les essayer !

★ **Tenue préférée :** sa robe de samba à paillettes dorées. Ce que Bella adore dans cette robe ? Qu'elle scintille quand elle tourne sur elle-même !

★ **Accessoire préféré :** ses boucles d'oreilles en forme de cœur. Bella est persuadée qu'elles lui portent bonheur !

★ **Partenaire de danse préféré :** Tom. Il sait toujours comment calmer et rassurer Bella.

Bella a commencé à danser à 8 ans, dans le club de danse de son école.

Le savais-tu ?

Bella adore inventer des chorégraphies sur les chansons de sa chanteuse préférée : Britney Sparkle ! Elle peut les répéter pendant des heures devant son miroir !

Chapitre 1

Bienvenue à l'Académie !

Les yeux écarquillés, Bella Dubois contemple l'énorme bâtiment. Au-dessus de l'entrée, un panneau indique : « Académie Danse avec les stars ».

— C'est excitant, non ? lance le père de la jeune fille. Ma petite Bella va danser devant le jury de *Danse avec les stars* ! Je suis sûr qu'ils vont être éblouis.

Bella se mord nerveusement la lèvre. Elle aimerait être aussi confiante que son père ! Elle a peur de ne pas se souvenir de son propre prénom une fois devant le jury. Alors, les impressionner avec ses talents de danseuse… rien n'est moins sûr !

— Il n'y a que dix places à l'Académie, papa, souffle Bella en entrant dans le hall. Et regarde toutes les filles qui viennent passer l'audition !

Une file d'attente immense serpente depuis le bureau des inscriptions. La compétition va être rude !

Bella a 9 ans, et *Danse avec les stars* est son émission préférée. Sans le lui dire, sa mère a envoyé une vidéo de la jeune fille en train de danser dans leur salon, et c'est grâce à cette performance qu'elle a été invitée à auditionner. Si elle réussit, elle intégrera la toute nouvelle académie, où de jeunes danseurs talentueux pourront apprendre de nombreux styles de danse, en plus des matières scolaires générales. Et ce n'est pas tout : l'Académie permet également à

ses élèves de passer des castings pour danser dans des émissions télé, des comédies musicales, des clips et même des films !

Bella voudrait devenir danseuse professionnelle, et entrer à l'Académie serait le premier pas pour réaliser son rêve.

L'Académie est située dans les mêmes locaux que les studios de tournage de l'émission, et Bella espère bien apercevoir quelques-uns de ses candidats favoris.

Une fois devant le bureau des inscriptions, on lui tend un badge.

— Un membre du jury va bientôt arriver pour vous

conduire au studio de danse, explique la femme à l'accueil. Bonne chance !

Quelques minutes plus tard, un homme entre dans le hall d'accueil.

— C'est Nicolas Doublet ! chuchote Bella, tout excitée.

Nicolas Doublet est l'un des membres du jury de l'émission. Il a toujours un mot gentil pour les candidats. Très élégant dans son costume, il a l'air plus grand qu'à la télévision.

— Bienvenue à tous ! lance-t-il. On va commencer par une audition en groupe. On tournera l'émission un peu plus tard dans la journée, alors il n'y a pas de temps à perdre. Suivez-moi !

Nicolas conduit la foule des jeunes danseuses et de leurs accompagnateurs le long d'un couloir où sont affichées les photos des stars qui participent à l'émission. Puis ils passent devant les portes fermées des différents studios de danse utilisés pour les répétitions.

— Oh, mon Dieu, regarde ! souffle une jeune fille brune à Bella en passant devant une des salles.

La porte est ouverte, et quand Bella jette un coup d'œil à l'intérieur, elle aperçoit... Jessica Doré, la présentatrice de

Danse avec les stars ! Jessica est jolie, drôle, et porte toujours des tenues incroyables. En apercevant Bella, la présentatrice lui fait un petit signe de la main. La jeune fille rougit et se

dépêche de rejoindre les autres, le cœur battant.

— Super cool ! lui chuchote la jeune fille brune.

— Je sais ! répond Bella en souriant. Complètement cool. Au fait, je m'appelle Bella.

— Et moi, Sofia.

Sofia porte un sweat à capuche rouge et une paire de leggings noirs. Ses longs cheveux tressés sont attachés avec un chouchou rouge à paillettes.

— Ça fait longtemps que tu danses ? demande-t-elle.

Bella secoue la tête.

— Non, je suis débutante, avoue-t-elle. Je fais partie du club de danse à l'école, mais je

n'ai jamais pris de vrais cours de danse. Et toi ?

— Je prends des cours depuis quatre ans, dit Sofia.

Bella sent soudain son cœur se serrer : Sofia doit être une très bonne danseuse ! Elle espère qu'elle ne va pas se rendre ridicule pendant les auditions, en dansant à côté de filles beaucoup plus expérimentées qu'elle…

Nicolas Doublet s'arrête devant une porte sur laquelle est inscrit « Salle de danse ».

— C'est ici, annonce-t-il avec un grand sourire. Bienvenue à la salle de danse de l'Académie !

Chapitre 2

La chorégraphie d'Enrico

En entrant, Bella découvre une réplique presque parfaite du studio d'enregistrement de *Danse avec les stars.* La piste de danse, au milieu de la pièce, est gigantesque. Sur le côté, Bella repère le bureau des juges. Et tout autour de la piste, les gradins pour le public.

— Que toutes les jeunes filles qui participent à l'audition se réunissent au centre de la piste de danse, s'il vous plaît ! lance une femme élégante.

Elle porte un cache-cœur et une jupe turquoise, des leggings noirs et des chaussons de danse.

— Les accompagnateurs, vous pouvez vous asseoir dans les gradins, poursuit-elle. Nous allons commencer !

— Bonne chance, ma chérie, souffle le père de Bella en la serrant dans ses bras. Quoi qu'il arrive, je suis fier de toi.

En se tournant avec les autres danseuses vers la femme qui les a appelées, Bella est plus stressée que jamais. Elle va devoir passer les auditions devant tous les parents !

— Bonjour, jeunes filles. Je m'appelle mademoiselle Anna, et je viens tout droit de Russie. Je suis la professeure principale de l'Académie. Le jury et moi-même recherchons ce que nous appelons des talents bruts. Alors, ne vous inquiétez pas si vous n'êtes pas encore une danseuse accomplie. Ce qui nous intéresse, c'est de travailler avec des jeunes gens doués, que nous pourrons former. D'accord ?

Bella est soulagée. Mais elle remarque une jeune fille blonde parmi les candidates, qui a l'air de penser qu'elle n'a pas besoin de formation, elle !

— Nous allons vous répartir en quatre groupes,

reprend Mlle Anna. Pour votre première audition, un de nos danseurs va vous apprendre une courte chorégraphie. Elle nous permettra d'évaluer vos talents individuels, ajoute-t-elle. Ensuite, nous passerons à la danse avec un partenaire.

Bella est nerveuse. Elle n'avait même pas pensé qu'elle danserait avec un garçon ! À tous les coups, elle va lui marcher sur les pieds... ou gâcher toute la chorégraphie, ou... Ou pire encore !

Une fois les groupes formés, la prof de danse s'avance vers celui de Bella et Sofia.

— Vous passerez les premières, leur annonce-t-elle.

Je vous donne dix minutes pour vous échauffer. Bonne chance !

— Je suis contente qu'on passe en premier, chuchote Sofia. Il n'y a rien de pire que d'attendre pendant que les autres dansent. Au moins, comme ça, on n'aura pas le temps de stresser !

— C'est vrai, dit Bella. Même si... personnellement, je suis déjà assez stressée !

— Ne t'inquiète pas, réplique Sofia. Il faut juste que tu restes concentrée sur ta danse et que tu en profites ! En tout cas, moi, c'est ce que je vais faire.

La jeune fille enfile une paire de chaussons de danse classique.

— Viens, on n'a qu'à s'échauffer ensemble !

Bella, elle, n'a pas apporté de chaussons de danse, et pour cause… elle n'en a pas ! Elle garde donc ses baskets, un peu honteuse, et s'empresse d'imiter les mouvements de Sofia, qui a commencé à s'étirer gracieusement.

Bella tend sa jambe en arrière, et son pied cogne quelque chose. Elle vient de donner un coup à la blonde qu'elle avait remarquée tout à l'heure !

— Désolée ! s'excuse-t-elle aussitôt.

— C'est dingue, ça ! réplique la candidate, furieuse. Typique d'une amatrice…

— Hé ! Pas la peine d'être désagréable, Veronica ! la coupe une jeune fille aux cheveux courts et très frisés.

La blonde jette un regard noir à Bella et s'éloigne. L'autre fille, dont le badge indique qu'elle s'appelle Nathalie, fait une grimace.

— On dirait qu'il y a une diva parmi nous, dit-elle en riant.

— Bonjour, les filles ! lance une voix. C'est moi qui vais vous apprendre la choré !

Bella se retourne et reste bouche bée. C'est Enrico, l'un des danseurs professionnels de *Danse avec les stars* ! Décidément, cette journée est incroyable !

— Faites comme moi, ordonne Enrico. Et… 1 et 2 et 3, *CLAP.* 5 et 6 et 7, *CLAP…*

Bella oublie complètement qu'elle danse devant un public, qu'elle porte de vieilles baskets et qu'elle est dans la même salle qu'un danseur de *Danse avec les stars*. Elle est entièrement concentrée sur les mouvements d'Enrico.

— C'est ça ! Vous vous en sortez bien, les filles !

Bella fait de son mieux pour suivre. Les pas sont un peu compliqués, surtout le *kick ball change*, qu'elle n'avait jamais

essayé. Mais elle le réussit rapidement et commence même à s'amuser !

Elle a l'impression qu'il ne s'est écoulé que quelques secondes quand Enrico les applaudit et déclare que la répétition est terminée.

— Quand vous passerez devant mademoiselle Anna, faites attention à ne pas oublier un seul pas, d'accord ? Je ne veux pas que quelqu'un se fasse éliminer pour une erreur bête.

Bella sent son ventre se nouer. Éliminer ? Ça veut dire que certaines filles vont partir après cette chorégraphie ? Tout va si vite… Bella espère qu'elle ne fera pas d'erreur bête. Sinon sa première danse à l'Académie sera peut-être aussi la dernière !

Chapitre 3

Un faux pas

Mademoiselle Anna réapparaît dans la salle de danse et lance la musique. C'est parti !

Bella fait de son mieux pour se détendre sous le regard perçant de leur prof. Elle réussit le *kick ball change* et, quand la fin de la chorégraphie approche, elle affiche un immense sourire.

Bella adore danser, et c'est tout ce qui compte.

— Bravo à toutes, dit Mlle Anna, une fois la chorégraphie terminée. Je suis très impressionnée. Malheureusement, je ne peux garder que quinze danseuses pour la prochaine étape. J'appelle Sofia Alessandro…

Sofia pousse un cri, ravie.

La prof de danse lit le nom d'autres danseuses, parmi lesquelles Nathalie et Veronica. Il ne reste plus qu'une seule place…

— Et enfin… Bella Dubois.

Le cœur de Bella bondit dans sa poitrine : elle est sélectionnée pour la deuxième étape !

— Tu as été super, Bella ! la félicite son père en la rejoignant.

— Rendez-vous ici à 11 heures, pour la prochaine étape des auditions, annonce Mlle Anna. Ce sera un tango…

Et cette fois, vous aurez des partenaires !

Un murmure d'excitation parcourt la pièce. Bella est terrifiée : elle a vu les célébrités de *Danse avec les stars* danser le tango, et c'est une danse très théâtrale !

Pendant la pause, elle confie ses doutes à son père.

— Je sais que je ne suis pas objectif, lui répond-il, mais j'ai trouvé que tu étais géniale. Et je suis sûr d'une chose : c'est toi qui avais le plus grand sourire de toutes, aujourd'hui. C'est le plus important, Bella. Tu dois danser comme si personne ne te regardait.

À 11 heures précises, Mlle Anna entre dans la salle de danse, accompagnée d'un danseur.

— Nous allons vous faire une démonstration de tango, annonce-t-elle. Comme vous le savez peut-être, l'audition des garçons a déjà eu lieu. J'ai demandé aux talentueux danseurs que nous avons sélectionnés d'être vos partenaires pour cette audition. Mettez-vous par deux !

Bella jette un coup d'œil autour d'elle. Doit-elle se précipiter sur le garçon le plus proche ou attendre que l'un d'eux lui demande d'être sa

partenaire ? Elle est soulagée quand un garçon aux cheveux blonds lui fait signe.

— On danse ensemble ? demande-t-il. Je m'appelle Tom.

— Et moi, Bella !

— Tout le monde est prêt ? demande Mlle Anna. Nous allons vous apprendre le huit-avant, un pas très simple, utilisé dans le tango argentin.

Bella et Tom regardent attentivement la démonstration.

— Je devrais y arriver, murmure Tom après quelques minutes. On essaye ?

Bella acquiesce et commence le pas. En avant… sur le côté… on tourne et…

— Aah !

Bella a tourné avec tant d'énergie qu'elle est tombée.

C'est un vrai désastre ! Tom l'aide à se relever.

— Tout va bien ?

— Je suis désolée… marmonne-t-elle en rougissant.

Évidemment, Mlle Anna l'a vue. Et plus énervant encore, Veronica lui lance un sourire moqueur…

— Si ça peut te rassurer, souffle Tom, j'ai réussi à marcher sur les pieds de Mlle Anna quand j'ai passé l'audition la semaine dernière et j'ai été pris quand même !

— Merci, chuchote Bella en relevant le menton.

Elle tente de rester bien droite en réessayant le huit-avant. Cette fois-ci, Bella ne tombe pas. Elle se rend même compte que le pas n'est pas aussi difficile qu'il en avait l'air.

— Bon travail ! déclare Mlle Anna, une fois que tous les couples ont réussi à effectuer la chorégraphie correctement. Le tango n'est pas la danse la plus facile à apprendre, surtout quand on n'est pas habitué à danser en couple. Certaines s'en sont particulièrement bien sorties. Pour les autres, j'ai peur qu'il soit temps de partir…

— Bonne chance ! lance Tom.

Bella, nerveuse, essaie de sourire, pendant que la prof de danse appelle les danseuses choisies. Les noms défilent, jusqu'aux derniers…

— Veronica Fournier… Sofia Alessandro… et Bella Dubois, termine-t-elle. Félicitations !

Bella pousse un cri de joie et saute dans les bras de Tom.

— Oh, mon Dieu, s'écrie-t-elle, je suis sélectionnée !

Quand elle reprend ses esprits, elle aperçoit Nathalie en train de pleurer. Elle n'a pas été sélectionnée ! Bella veut aller la consoler, mais Nathalie quitte la salle en courant...

— Pour l'audition finale, nous allons recréer une émission de *Danse avec les stars*, annonce Mlle Anna. Jessica Doré se joindra à nous, et vous danserez devant le jury... avec de vrais costumes !

Bella est trop excitée pour parler. Elle est en train de vivre un rêve.

— Bravo pour être arrivées jusqu'à l'audition finale ! les félicite Jessica, en rejoignant la piste de danse. Je vous ai regardées dans le public, et vous êtes toutes de super danseuses !

Bella est pétrifiée en voyant l'animatrice s'approcher d'elle et lui chuchoter :

—J'ai vu ta chute. Tu vas bien ?

La jeune fille hoche la tête, mortifiée.

— Oui, merci, réussit-elle à bredouiller.

— Contente de l'entendre, répond Jessica en souriant. Voici Valérie et Philippe, qui s'occupent des costumes. Vous verrez : grâce à eux, vous aurez un style fabuleux !

Chapitre 4

Une tenue de rêve

— Bonjour, je suis Valérie !

La femme aux cheveux noirs qui se présente sur un ton amical porte des vêtements simples, mais accessoirisés avec goût. Elle a beaucoup d'allure, et on voit bien qu'elle travaille dans la mode.

— Et moi, je suis Philippe, annonce l'homme qui l'accompagne.

Il est grand, avec des cheveux bruns, et porte une boucle d'oreille argentée.

— Nous sommes chargés des costumes de l'émission *Danse avec les stars*. Et nous sommes là pour vous aider à choisir les tenues que vous porterez pour l'audition finale !

Tout excitées, Bella, Sofia et les autres danseuses suivent Valérie et Philippe jusqu'à la pièce la plus colorée que Bella ait jamais vue. C'est la salle des costumes. Autour d'elles se trouvent des centaines de tenues de toutes les couleurs, des rangées de chaussures, et même une table pour les accessoires !

Philippe tire un portant chargé de tenues et leur sourit.

— Qu'est-ce que vous attendez ? Allez-y, fouillez et dites-nous ce que vous aimez. Si besoin est, on pourra toujours ajouter des détails ou ajuster la taille !

Sofia et Veronica se précipitent aussitôt sur le portant. Les autres danseuses se mettent à examiner les chaussures et les accessoires. Bella, elle, se sent dépassée... Il y a tellement de styles et de couleurs... Elle ne sait même pas par où commencer !

— C'est pour un tango, c'est bien ça ? l'interroge gentiment Valérie. Si tu veux, je peux te montrer les robes qu'on utilise dans l'émission dans ce cas-là !

— Oh oui, merci beaucoup ! répond Bella.

Valérie sélectionne quelques robes pour la jeune candidate. La première est violette, courte et resserrée à la taille, avec des frous-frous sur le bas et de fines bretelles.

— Nous avons de fabuleuses chaussures violettes qui iraient parfaitement avec, explique Valérie.

— Très jolie, commente poliment Bella.

Mais elle n'est pas sûre de vouloir porter une tenue aussi voyante.

— Et que penses-tu de ça ?

La deuxième robe est couverte de paillettes argentées, son col rose fuchsia est assorti aux manches en mousseline de soie, et elle est vraiment très longue.

Bella s'imagine aussitôt en train de marcher dessus et secoue la tête.

— Ou bien celle-ci ? continue Valérie.

La troisième robe est en satin violet et parsemée de paillettes qui réfléchissent la lumière. Le haut est ajusté et la jupe est ourlée de frous-frous.

— Elle est magnifique ! s'exclame Bella.

— Alors, voyons si elle te va, propose Valérie, ravie.

Pendant ce temps, Sofia a trouvé une robe en soie vert pâle et dorée, qui va parfaitement avec son teint hâlé et ses cheveux bruns. Veronica, elle, a craqué sur une robe dos nu turquoise.

Impatiente, Bella enfile la robe, se retourne pour se regarder dans le miroir… et pousse un cri. Elle n'en revient pas.

— J'ai l'air d'une vraie danseuse ! s'écrie-t-elle en tournant de tous les côtés pour admirer la robe.

— Tu es très belle ! confirme Sofia, qui l'entraîne dans quelques pas de tango.

Après avoir choisi une paire de chaussures et des accessoires pour aller avec sa robe, Bella se sent prête pour l'audition finale. Cette tenue lui redonne confiance en elle !

— Faites attention à vos tenues, les avertit Philippe. Elles doivent rester propres et en bon état. Je ne veux pas que l'une d'entre vous revienne avec une déchirure !

Les filles promettent d'être soigneuses et lui disent au revoir.

— Et si on trouvait une pièce vide pour répéter ? propose Sofia.

— Bonne idée, approuve Bella, alors qu'elles avancent dans le couloir.

Elle adore le bruit de ses hauts talons sur le sol, même si c'est vraiment plus dur de marcher avec ces chaussures de danse qu'avec ses vieilles baskets !

Les jeunes filles passent devant un petit studio de danse, mais il est déjà occupé par deux couples en train de danser. Bella a le souffle coupé en reconnaissant des danseurs professionnels de l'émission en plein échauffement…

— Regarde, Sofia ! souffle-t-elle.

Incapables de détacher les yeux du spectacle, les jeunes filles restent figées devant le studio. Les danseurs sont si talentueux : rapides, agiles et

légers ! La musique change et Bella se rend soudain compte de quelque chose.

— Ils dansent le tango !

— Et ils ne sont pas les seuls, ajoute Sofia avec un grand sourire en désignant un coin du studio. Regarde : cette femme aussi !

Bella aperçoit une femme âgée, qui porte un uniforme de femme de ménage et qui imite les mouvements des danseurs. La jeune fille sourit en voyant que la femme se sert de son balai comme d'un partenaire.

— Elle est super !

Mais soudain, son sourire disparaît. La femme les a vues ! Elle s'est aussitôt arrêtée de danser, et se dirige maintenant droit vers Sofia et Bella. Vont-elles avoir des problèmes ?

Chapitre 5

La décision de Bella

La femme de ménage traverse le studio et sort dans le couloir où se tiennent les jeunes filles. Ces dernières sont très soulagées de voir qu'elle a l'air amusée.

— Bonjour ! leur dit-elle. Vous m'avez vue danser ? Entre danseuses, on se comprend, j'imagine…

— Désolée, on ne voulait pas vous espionner, lance Bella en rougissant. On est ici pour la journée, et tout est tellement incroyable…

— Oh, pas de problème, répond la femme. Je travaille ici depuis des années et je trouve toujours que c'est un endroit très excitant ! Au fait, je m'appelle Marie.

— Moi, c'est Bella, et voici Sofia. On passe l'audition pour entrer à l'Académie.

— C'est formidable ! répond la femme avec un sourire chaleureux. Et vous pensez qu'ils laisseraient une vieille dame comme moi passer l'audition ?

— Eh bien, votre tango avait l'air aussi bon que le nôtre, la complimente Sofia, les yeux brillants. Alors, pourquoi pas ?

Marie éclate de rire.

— Si seulement !

Elle soupire avec une moue qui dessine des dizaines de rides sur son visage. Puis elle penche la tête, comme si elle réfléchissait.

— Vous savez quoi, les filles ? demande-t-elle. Je vais vous montrer quelque chose. Si ça vous tente, je vous emmène voir la loge du maquillage !

— Oh, oui, s'il vous plaît ! répondent Bella et Sofia en chœur.

— Alors, suivez-moi ! C'est par ici.

Marie guide Bella et Sofia dans un couloir. Quelques minutes plus tard, elle s'arrête et désigne une porte.

— C'est là-dedans, chuchote-t-elle en plaçant un doigt devant ses lèvres.

Les filles jettent un coup d'œil par la porte ouverte et découvrent une rangée de chaises, alignées devant des miroirs entourés de lumières. Sofia donne un coup de coude à Bella, tout excitée, quand elle repère quelques-unes des stars qui participent à l'émission, installées les unes à côté des autres.

On est en train de les coiffer et de les maquiller.

— Tu imagines ! murmure Sofia, l'air rêveur. Un jour, on sera peut-être à leur place, assises ici, en train de se préparer pour le tournage de l'émission…

— Je ferais mieux de retourner travailler, les filles, leur lance Marie en regardant sa montre. Mais j'ai été ravie de vous rencontrer. Bonne chance pour l'audition !

— Merci ! répond Bella.

Au même moment, Jessica Doré s'assoit sur l'une des chaises dans la loge. Bella pousse un petit cri, puis plaque une main devant sa bouche. Les stars ne doivent pas les voir… Ce serait très embarrassant !

— Comment ça va, Jessica ? interroge l'un des coiffeurs en se dirigeant vers elle, un peigne et une bombe de laque à la main. Tu as eu une matinée chargée ?

— Oui ! J'ai assisté à une partie des auditions pour l'Académie, répond Jessica. Il y a des danseuses vraiment talentueuses, aujourd'hui. Notamment cette fille du premier groupe, je crois qu'elle s'appelle Sofia. Elle est exceptionnelle…

Sofia n'en croit pas ses oreilles ! Bella attrape sa main, ravie pour sa nouvelle amie. Ça, c'est un compliment !

— Il y a une autre fille que j'aime bien, une rousse, ajoute la star.

Bella retient son souffle. Une rousse... Est-ce que c'est d'elle que la présentatrice est en train de parler ?

— Malheureusement, elle est tombée, continue Jessica. Ça réduit peut-être un peu ses chances d'être prise... Même si j'espère que non !

Aussitôt, les danseurs présents dans la loge racontent leurs propres souvenirs de danses pendant lesquelles ils ont trébuché ou sont tombés. Mais Bella les entend à peine... Elle recule dans le couloir, livide. Elle voudrait ne pas avoir entendu ce que vient de dire Jessica !

— Peut-être qu'elle ne parlait pas de toi ? suggère Sofia, pour tenter de la rassurer.

Mais Bella secoue la tête, la gorge serrée.

— On sait bien, toutes les deux, qu'elle parlait de moi. Il… Il faut que je voie mon père !

Les larmes aux yeux, Bella se met à courir dans le couloir sans savoir où elle va. Elle trébuche sur ses talons, elle a la tête qui tourne et elle se répète les terribles paroles de

Jessica. Puis elle rougit jusqu'aux oreilles en imaginant les autres danseurs parler d'elle. Sa journée de rêve est en train de se transformer en cauchemar. Elle a envie de partir le plus loin possible d'ici !

— Bella ! Attends ! appelle Sofia, qui court derrière elle.

Mais Bella ne se retourne même pas. Au contraire, elle accélère encore, sans plus se préoccuper de ne pas froisser ou déchirer sa jolie robe. Qu'est-ce que ça peut bien faire, maintenant ? De toute façon, elle ne sera pas admise à l'Académie !

Elle ferait aussi bien de demander à son père de la

ramener directement à la maison et d'oublier tout ça.

Bella retrouve son père à l'extérieur de l'Académie, où il est en train de boire un café et de discuter avec les autres parents. Bella se précipite vers lui en sanglotant.

— Bella, ma chérie ! Qu'est-ce qui s'est passé ? Ça ne va pas ?

La jeune fille n'arrive même pas à parler. Elle se contente de pleurer dans les bras de son père. Et quand elle relève la tête, elle voit Nathalie, elle aussi en train de pleurer un peu plus loin, dans les bras de sa mère. Soudain, Bella se sent encore plus mal.

C'est si injuste que Nathalie n'ait pas été choisie pour l'audition finale, alors qu'elle-même a été prise malgré sa chute ! Bella se sent coupable, surtout maintenant qu'elle sait qu'elle n'a plus aucune chance d'entrer à l'Académie.

— C'est Nathalie qui devrait être à ma place.

Elle sèche ses larmes d'un revers de la main.

— Je vais abandonner pour qu'elle puisse avoir une chance.

— Quoi ? Qu'est-ce que tu racontes ? demande son père, qui ne comprend rien. Tu veux abandonner ? Bella, tu ne peux pas faire ça !

Sofia, qui vient de la rattraper, lui crie à son tour de réfléchir.

Mais Bella a pris sa décision. Elle inspire profondément et se dirige vers Nathalie.

Chapitre 6

Deuxième chance

— Nathalie, commence Bella en arrivant près de la jeune fille. Je suis désolée que tu ne sois pas passée à l'étape suivante. Si ça ne tenait qu'à moi, je t'aurais choisie.

Nathalie a les yeux rouges à force de pleurer, mais elle réussit quand même à esquisser un petit sourire.

— Merci, Bella. Hé, tu es magnifique dans cette robe ! Félicitations pour avoir été prise. Et à toi aussi, Sofia, ajoute-t-elle en se tournant vers l'autre jeune fille.

— Je vais abandonner, annonce Bella. Tu peux prendre ma place, Nathalie. Tu la mérites plus que moi.

Nathalie reste bouche bée. Après un long silence, elle répond fermement :

— Hors de question. Tu es vraiment sérieuse ? Tu veux abandonner ? Mais pourquoi ?

— Parce que...

Mais Bella est interrompue par le bruit de hauts talons qui se dirigent vers elle. Elle se retourne et se retrouve nez à nez avec Mlle Anna qui s'exclame :

— Ah, te voilà, Nathalie ! Heureusement que tu n'es pas déjà partie ! Je viens pour te présenter mes excuses : j'ai fait une erreur. J'ai longtemps hésité, et je pense que j'aurais dû te donner une chance et te laisser accéder à l'étape suivante. J'aime l'énergie qui se dégage de ta danse et je regrette de t'avoir laissée partir. Est-ce que tu accepterais de revenir pour l'audition finale ?

Nathalie regarde Mlle Anna, puis sa mère, et enfin, elle éclate de rire.

— Bien sûr ! s'écrie-t-elle, ravie. Merci beaucoup ! J'adorerais passer l'audition finale !

Mlle Anna sourit.

— Parfait, dit-elle. J'espérais que tu répondrais ça.

Puis elle remarque le visage couvert de larmes de Bella.

— Il y a un souci, Bella ? demande-t-elle. Est-ce que tu vas bien ?

La jeune fille sent sa lèvre trembler.

— Je... Je...

— Elle s'est juste cogné l'orteil, intervient aussitôt Sofia,

les doigts croisés derrière son dos.

— Mais ça ira mieux pour l'audition, n'est-ce pas, Bella ? ajoute Nathalie en lui attrapant la main.

Bella sent une vague de chaleur l'envahir. Visiblement, Sofia et Nathalie veulent vraiment qu'elle reste avec elles pour l'audition finale !

— Oui, réussit-elle à dire après une minute. Je suis sûre que tout ira bien.

— Tant mieux ! Tu étais très bien, aujourd'hui, Bella. Je ne voudrais pas te perdre maintenant ! conclut Mlle Anna en regardant sa montre. Les filles, pourriez-vous montrer à Nathalie la salle des costumes ? Dès que tu seras prête, nous commencerons l'audition. Bonne chance à vous toutes !

La prof de danse s'en va et Nathalie se jette dans les bras de ses amies.

— Bella, c'était la chose la plus gentille qu'on ait jamais faite pour moi ! dit-elle. Mais pourquoi est-ce que tu voulais me laisser ta place ?

— Est-ce que quelqu'un va finir par m'expliquer ce qui se passe ici ? s'écrie le père de Bella.

Bella lui sourit. Les paroles de Mlle Anna lui ont remonté le moral.

— Je... Je... J'ai juste eu la trouille, admet-elle d'une petite voix. Je pensais abandonner.

— Abandonner ? Pas question ! répond son père. Tu as entendu Mlle Anna, tu as très bien réussi. Ta mère et moi, on te soutient.

Fais de ton mieux et garde le sourire !

— Merci, papa, dit Bella, qui se sent beaucoup mieux. On doit se préparer pour l'audition alors, ajoute-t-elle en rejoignant Sofia et Nathalie. Allons-y !

Les trois jeunes filles se précipitent vers la salle des costumes. Bella et Sofia aident Nathalie à se préparer. Cette dernière choisit une robe verte brodée de fleurs.

— Je n'arrive pas à croire que j'ai une deuxième chance, répète-t-elle sans arrêt, un sourire jusqu'aux oreilles. Je vais donner tout ce que j'ai. Je dois prouver

à Mlle Anna qu'elle a eu raison de me faire revenir.

Bella révise ses pas de tango pendant que Valérie et Philippe ajustent la robe de Nathalie. Philippe remarque Bella et l'encourage :

— C'est bien. Il faut beaucoup s'entraîner pour réussir.

— C'est ce que disent toutes les célébrités, en tout cas, ajoute Valérie. Même quand elles sont très nerveuses, le travail paye toujours ! Connaître parfaitement tes pas te donnera ce petit bonus de confiance en toi qui peut faire toute la différence.

Bella sourit. Elle va montrer à Jessica qu'elle est capable de danser sans faire une seule erreur !

— L'audition finale va commencer, annonce Valérie en jetant un coup d'œil à l'horloge murale. Bonne chance ! On croisera les doigts pour vous.

— Pensez à respirer profondément ! leur conseille Philippe. C'est votre dernière danse de la journée, les filles. Faites en sorte que ce soit la meilleure !

Chapitre 7

La sélection

Bella, Nathalie et Sofia courent jusqu'à la salle de danse et arrivent juste à temps. Le jury de *Danse avec les stars* est déjà installé, et il y a même une équipe de tournage pour les filmer ! Bella retient son souffle en se voyant apparaître sur le grand écran au-dessus de la piste, au milieu de toutes les jeunes danseuses.

— C'est comme si on était dans l'émission ! chuchote-t-elle à Sofia.

Elles ne sont plus que vingt candidates parmi la centaine qui se sont présentées à l'audition. Nerveuse, Bella jette un coup d'œil aux autres danseuses.

— Ne les regarde pas, lui conseille une voix familière. Tu ne dois penser qu'à danser !

— Tom ! s'écrie Bella, ravie de le revoir. Tu vas être mon partenaire pour cette danse ?

— Bien sûr ! Tu crois que je voudrais danser le tango avec quelqu'un d'autre que toi ?

Jessica Doré fait son apparition, et on lui tend un micro.

— Félicitations à toutes pour être arrivées jusqu'ici, commence-t-elle. Je vais maintenant appeler les couples, un par un. Pour un tango, merci d'accueillir Inès et Hugo !

Bella a la chair de poule en les voyant entrer sur la piste. Elle n'avait pas pensé que les couples danseraient chacun à leur tour, cette fois-ci.

Au moment de quitter la scène pour rejoindre les juges, Jessica se penche discrètement vers Bella et Tom.

— J'espère que tu réussiras, chuchote-t-elle à la jeune candidate. Je ne devrais sûrement pas te le dire, mais tu es ma danseuse préférée de toutes les auditions… Tu as l'air si heureuse chaque fois que tu danses !

Malgré cet incroyable compliment, Bella tente de se concentrer sur le premier couple de danseurs. Hugo est confiant, mais Inès a l'air

Bella prend une profonde inspiration et essaie de se rappeler tout ce qu'elle a appris.

— Prête ! répond-elle.

La musique démarre, et ils se lancent. La danse semble passer en un éclair, mais Bella profite de chaque seconde. Tom est un partenaire parfait, et ils ne font d'erreurs ni l'un ni l'autre. Quand la musique se termine, Bella sait qu'elle a bien réussi. Mais elle est tout de même stupéfaite d'entendre un tonnerre d'applaudissements. Une partie du public s'est même levée !

— Une *standing ovation*, souffle Tom. Bravo, Bella, ça n'était pas encore arrivé pendant les auditions !

Ils se tapent dans la main, avant de rejoindre le côté de la piste.

— Je ne me suis jamais sentie aussi bien, soupire-t-elle. Quoi qu'il arrive maintenant, je sais que j'ai fait de mon mieux.

— J'espère que je te verrai à l'Académie. Je croise les doigts ! lance Tom avant de quitter la salle.

Bella regarde Sofia danser un tango parfait, puis une autre candidate faire tout aussi bien. La compétition est serrée !

Une fois que tous les couples sont passés, les quatre juges délibèrent. Enfin, Nicolas Doublet se lève.

— Merci de votre patience, dit-il. Vous avez toutes très bien réussi. Même si vous n'êtes pas retenues pour intégrer l'Académie, vous pouvez être fières de vous ! Comme vous le savez, il n'y a que dix places, et il nous a été très difficile de choisir.

Il marque une pause, et un silence absolu se fait dans la pièce.

— Sofia Alessandro ! annonce-t-il.

Sofia manque de s'évanouir de bonheur.

— Bien joué ! chuchote Bella.

— Emma Fontaine… Angèle Guérin… Lola Garnier… Veronica Fournier… Nathalie O'Grady…

Nathalie pousse un cri de joie.

— Bravo, Nathalie ! lance Bella en souriant.

Nicolas a déjà annoncé sept ou huit noms de la liste à présent, et ses chances s'amenuisent. Peut-être qu'elle n'a pas dansé

aussi bien qu'elle le croyait, après tout ?

Bella jette un coup d'œil à son père dans le public, qui lève le pouce en signe d'encouragement. Bella sait qu'il est fier d'elle. C'est sûr, même si elle n'est pas prise, elle continuera à danser !

— Et pour finir… Bella Dubois !

Bella se retourne, sous le choc. Nicolas rit de son air abasourdi.

— Ne sois pas si surprise ! Nous étions obligés de te sélectionner, après ce tango exceptionnel ! Bravo !

La jeune danseuse ne s'est jamais sentie aussi heureuse qu'en cet instant. Elle serre Nathalie et Sofia dans ses bras, puis lève les yeux vers son père dans le public. Il est au bord des larmes.

— Je suis si fier de toi ! réussit-elle à lire sur ses lèvres.

— Vous vous rendez compte ? On va entrer à l'Académie de *Danse avec les stars* ! dit Bella, qui n'en revient toujours pas.

Sofia et Nathalie éclatent de rire.

— Je n'y serais jamais arrivée sans vous deux, déclare Bella en serrant leurs mains.

Puis elle sourit.

— Et maintenant, je suis vraiment impatiente de commencer !

FIN

L'interview de

FAUVE HAUTOT

Cette championne de danse illumine à chaque saison le plateau de *Danse avec les stars*. Elle a déjà fait danser Jean-Marie Bigard, Baptiste Giabiconi, Emmanuel Moire... Et maintenant, la flamboyante Fauve répond à toutes nos questions !

Qu'est-ce qui t'a donné envie de devenir danseuse ?
La passion ! Vers l'âge de 5 ans, mes parents m'ont offert mes premiers chaussons de danse, j'ai grandi avec la danse, elle a toujours fait partie de ma vie. Je n'ai jamais cherché à en faire mon métier, je dansais juste quotidiennement par passion. Aujourd'hui, c'est mon métier !
J'ai toujours adoré, j'adore et j'adorerai cet art qui me permet de m'exprimer sans dire un mot.

Que t'évoque le tango ?
Le tango, danse de caractère, danse sensuelle, danse théâtrale. Une de mes préférées. Le tango se danse à deux, il peut être doux ou au contraire très sec. J'aime l'idée d'être comme une panthère quand je le danse.

Peux-tu nous expliquer un pas de tango ?
Voilà un pas qu'on peut appeler le « compas », pour imager : l'homme est la pointe, solide comme un tronc d'arbre, et la femme est penchée sur lui, une jambe ballante, le crayon qui dessine.

Que préfères-tu porter pour un tango ?
Une robe longue fuseau noire avec un dos nu, une fleur rouge dans le bas de la nuque.

Qui est ton partenaire préféré pour cette danse ?
J'ai adoré le danser avec mes trois partenaires de *Danse avec les stars*. Avec Jean-Marie, c'était doux, avec Baptiste, c'était fougueux, avec Emmanuel, c'était théâtral.

Suis Bella à l'Académie de

danse avec les stars

Samba au carnaval

Bella est prête à travailler dur pour devenir danseuse professionnelle. Mais à peine arrivée, l'école lui réserve déjà des surprises... Les célèbres New Ride viennent sélectionner leurs partenaires de danse pour le grand carnaval de Londres... parmi les élèves de l'Académie !